U0111385

大展好書 好書大展

武術 特輯
31

張三豐太極拳

陳占奎／編著

大展出版社有限公司

内 容 提 要

本書全面、系統地介紹了我國最古老的太極拳——張三豐太極拳，也就是已流傳六、七個世紀的武當派太極拳。

全書內容包括：張三豐太極拳的健身養生作用，張三豐太極拳十八式，張三豐太極功——其中包括能築基壯元氣的無極樁，能增長浩然之氣和掤勁的混元樁，能增長功力並提高技擊性的立圓功、平圓功等。同時還介紹了內修養生真訣及運用周身經脈訣。

本書內容豐富，視角獨特，圖文並茂，示教直觀，是一本極具特色的實用太極拳讀物，適合太極拳愛好者學習，也可供太極拳老師和教練員教學參考。

作者簡介

陳占奎，體育副教授、武術家。八歲起習武，青少年時期在北海武術學校和北京體院學習多種拳術和器械。又從師常振芳、馮志強、孫劍雲、楊振鐸、劉興漢等名師，習譚腿、查拳、太極拳、形意拳、八卦掌、通背拳等。1973年至今在北京大學執教，從事武術、散打、體操等教學、訓練和科研工作。作為武術專家曾赴原蘇聯和匈牙利講學，並長期教授北大留學生和南洋國際學校太極拳、散打課程。

現任北京大學體育部副教授，兼任技巧國際裁判，俄羅斯武術氣功中心、烏茲別克斯坦功夫中心顧問，中國書法藝術學院氣功研究所教授、北京大學武術技擊研究會會長兼主教練、北京市武術協會委員、北京武術技擊研究會常務委員、北京僑聯東方武術氣功館顧問。

曾出版《中國武術實用腿法》、《中國太極拳》、《散打》、《48式太極拳及其技擊應用》、《中華傳統健身功精粹》等著作。

無極樁

混元樁

立圓
本功

平圓将　　　　　　　　　　平圓採

平圓挒

平圓肘

平圓靠

弓步左掤

弓步挤

弓步按掌

丁步撐天

伏 虎　　　　　　　　金雞獨立

肘底捶

倒攆猴

分腳

獅子揉球（一）

獅子揉球（二）

獅子揉球（三）

作者教授北大學生學習張三豐太極拳

作者教授北
大留學生學
習張三豐太
極拳

前　言

　　張三豐太極拳，亦稱武當派太極拳。它源自道家的養生功，是我國最古老的太極拳。它的創始人是元、明之際的道士張三豐。關於張三豐，《明史》裡有他的列傳。見之於其他方面的史料和傳說也不少。但這些記述和傳說，大都帶有濃厚的宗教神秘色彩，而張三豐其人則被描繪成了一位半人半神式的傳奇人物。

　　據史料記載，張三豐為遼東懿州(今遼寧阜新)人。他出生於元代定宗二年(公元 1247 年)。其一生經歷了元、明兩個朝代，唯卒年不可考。元初，他曾一度入仕，後來棄官學道，雲遊名山大川，先後在終南山、武當山修行，終於成為一位精通道教經典、深諳道家養生之術，同時對功法技擊都具有很高造詣的大師。在明代開國之初，張三豐的名氣就很大。明太祖朱元璋、明成祖朱棣，對他都很仰慕，曾多次派人尋找他，都沒有找到。後來還為他在武當山大興土木，修建了不少宮殿式的道教寺院。明英宗朱祁鎮時，張三豐被贈為「通微顯化真人」。

　　由道家養生功發展創立而成的張三豐太極拳，包括了太極功與太極拳拳法套路兩大組成部分，通稱為張三豐太極拳。太極拳這個名稱中的「太極」二字，

出於周易系辭。《易・系辭上》中說：「易有太極，是生兩儀，兩儀生四象，四象生八卦。」總的意思是說，太極是萬物的本源，而太極之「兩儀」的相生相剋，演變、派生出了世間的萬事萬物。

這種古老的太極學說，後來為道教所吸收，成為道教思想的重要組成部分，並滲透於道教養生功與張三豐的太極拳之中。張三豐太極拳強調動靜相兼、陰陽相濟、內外雙修，認為一定要把靜與動、養與練、拳與功、內與外很好地結合起來，實行雙修並舉，才能把太極拳的精髓學到手。所有這些，正是張三豐太極拳最精妙、獨具特色的地方，也是它與其他武功技擊乃至其他門派太極拳相互區別之處。

這本《張三豐太極拳》介紹給廣大讀者的，當然首先是張三豐太極拳的拳法套路。同時又介紹了作為張三豐太極拳不可分割的部分——太極功，包括樁功與功力功。秘傳的張三豐太極拳原來只有十三式，現由本書作者擴展為十八式。

這是作者經過多年習練體會和教學實踐，查閱了大量文獻資料，進行反覆研究所取得的成果。它既保持了秘傳太極拳原貌的傳統性，又有所改進與提高，更加適合今天學習推廣的需要。要學好太極拳的拳法套路，還必須學好太極功。

張三豐把功和拳視為一個有機的整體。他認為，學功與學拳不可偏廢，若只得太極拳法而「不知行功

之妙」，那就不可能得其「大道」。因此，在本書的「太極功」這一部分，為大家介紹了有益於養生壯元氣的無極樁功，可增長浩然之氣和掤勁的混元樁功，能增長功力和提高技擊性的立圓功和平圓功。為了示教直觀，便於讀者學習掌握，拳法與功法的每一動作都配了動作圖解照片。

為了體現張三豐太極拳的「拳功並舉，內外雙修」的要旨，本書還以附錄的形式收入了被張三豐稱之為「祖師十論」的《王重陽內修真訣》及《運用周身經脈訣》。關於這個部分，需要作些說明。

一是「十論」的作者王重陽到底是什麼人?王重陽是金代道士，其年代大約早張三豐百餘年。他是道教全真教派的創始人，被尊為全真教祖師。張三豐把他的內修真訣即「祖師十論」等列為太極拳內養方面的經典性內容。「十論」的形成，早於張三豐創立的太極拳，其內容也多於、深於太極拳，因此不能把它視為張三豐太極拳本體的組成部分，而只能作為一項重要的附錄收入本書。

二是「十論」與《運用周身經脈訣》均引用古文原文，既未加翻譯，也未作詮釋，只是對其中的個別文字作了刪節，並加了標點符號，供讀者參考。

三是道教講的修真養性，內容涉及到對社會、人生一系列根本問題的看法和態度，其中自不免精華與糟粕並存。因此在閱讀學習時要採取科學分析的態

度。原文中曾有涉及修行成仙和煉製丹藥的內容，已予以刪除。

關於張三豐的太極拳，以往由於種種原因，研究、開發和推廣得不夠，因此還有許多人對它不甚熟悉。本書的出版，無疑將為大家提供一個比較全面、系統和實用的學習材料。就總體來說，這是一本內容豐富、視角獨特、圖文並茂、示教直觀、便於人們學習掌握的太極拳讀物。

它既適合廣大太極拳愛好者和初學者自學習練，又可供有關院校、體訓班太極拳老師或教練員教學參考，對武術家和學者們從理論上和技藝上對太極拳作深層的探討，也會有一定的幫助。就本人的心情而言，如果它的出版能夠對太極拳運動的普及、提高，對當前全民健身運動的廣泛開展，起到一些推動作用，那將使我感到極大的欣慰。

本書所用的動作圖解照片，均為本人親身演練，由我的同事——北京大學體育教研部李德昌副教授拍攝而成的。在本書出版之際，謹對李老師的大力支持與辛勤，表示由衷的感謝。

作　者

《目 錄》

一、張三豐太極拳的健體養生作用

張三豐太極拳，是在道家養生功的基礎上和道家理論學說的指導下形成的，同時它又吸取了道家長期積累的養生經驗。經過幾個世紀的長期檢驗，充分證明，這一獨具特色的太極拳的拳法與功法，只要能夠長期堅持鍛鍊，確實可以從多方面改善和增強人們的健康狀況。它的獨特價值與良好的鍛鍊效果，是許多其他體育鍛鍊活動所難以取代的。

道家的經典著作《老子》第七十六章，在論述「柔」與「強」的關係時，曾強調指出「柔」的價值。其中說道：「人之生也柔弱，其死也堅強。萬物草木之生也柔脆，其死也枯槁。故堅強者死之徒，柔弱者生之徒。是以兵強則滅，木強則折。強大處下，柔弱處上。」以動作的柔韌舒緩為其基本特徵的太極拳，正是體現著「柔弱處上」這一思想的產物。

太極拳不像某些體操那樣只注重肌肉群的運動，而是更注重於經絡和氣血的運行及疏通。它的動作自然柔和，如行雲流水，正是與這一點相適應的。

太極拳的整個套路，它的一招一式，看起來總是那麼從容不迫，舒展自如，安詳沉穩，雖貌似柔弱，但在柔弱中卻蘊含著一種蓄而不發、源源不絕的內在活力。這樣一種力是十分可貴的。

《老子》第十五章曾經說過這樣的話：「孰能濁以止靜之徐清，孰能安以久動之徐生。保此道者不欲盈。夫唯不盈，故能蔽不新成。」它們的意思是說：誰能懂得怎樣讓奔流激蕩的濁水靜下來，使它逐漸地澄清？誰能知道怎樣讓安於靜寂沉悶狀態的生命動起來，使其能夠穩步地健康成長？知道這樣去做的人，總是不把這一動或一靜，極力推向它的最高極限，而是始終讓它保持一個合適的度。因為只有保持在適當的水平上，才能使事物發展的良好勢頭得以長久保持，並且不斷地獲得新的更佳效果。

《老子》一書在這裡所作的闡述，恰恰正是太極拳所要追求的精神風貌與境界。

俗話說：「藥補不如食補，食補不如神補。」《內經》則說：「得神者昌，失神者亡。」而太極拳運動恰恰注重了「神補」這一根本問題。練習太極拳首先要求排除雜念、心靜體鬆、表情恬淡自然，爾後再按功法與拳的套路去做。人們練習太極拳時平靜自然的心態，能緩解精神緊張造成的不良刺激；而練習中全身的舒適感、心情的暢快和形體美的藝術享受等精神狀態的優化，會使人在生理上產生一系列的良性反應。

當代醫學研究證明，一個人如果長期受不良精神影響，會減弱體質，乃至引發疾病。據有關資料顯示，有80%的疾病均與不良的精神因素有關。因此，經常打太極拳，不僅能調節人的情緒，使心理平衡，而且能調節人的生理機能，從而提高健康水平。

練習太極功、太極拳時的呼吸，一般採用「自然呼吸」法，也就是動作與呼吸自然配合。當套路熟練後的提高階段，要用「腹式呼吸」。腹式呼吸使胸腔和腹腔之間的橫膈膜上下鼓動，牽動腹背運動，對五臟六腑起按摩作用，能改善消化系統的功能，對消化不良、糖尿病、二便失常等病，有明顯的體療作用；腹式呼吸還能使呼吸加深，增大肺活量，提高肺部換氣能力，增加肺組織的彈性，提高呼吸器官的功能。

　　太極功的「無極椿」功，能築基壯元氣，「混元椿」功能增長全身浩然之氣。練習太極拳時，全身放鬆，可使氣血暢通，猶如地下之溝渠，不塞而水行，不堵而流通。練拳時腰脊、四肢螺旋纏繞運轉，將丹田之氣運到全身，產生氣感。氣的運行，使人體皮下組織每平方公分約有200條毛細血管打開，這就減輕了心臟的負擔，對心臟病的防治很有利。

　　肢體的順逆纏繞運動，還能鍛鍊肌肉的彈性，提高血液循環的速度，增強心、腦血管的功能，從而能有效防治因血行受阻而產生的心、腦血管疾病。

　　某市運動醫學研究所，曾對兩組老年人進行機能測試：經常打太極拳的老人組與一般老人組各32人，讓他們在一分鐘內上、下40公分高的板凳15次。結果，太極組老人除一人外，都能完成規定的運動負荷量，而且脈搏、血壓反應正常；而對照組的老人，年齡越大，完成規定運動負荷量的人越少，出現不正常反應的人越多。運動測試

後，心電圖異常的，太極組佔 28.2%，對照組占 41.3%；平均血壓太極組為 17.8／10.7 千帕（134.1／80.8 毫米汞柱），對照組為 20.5／10.9 千帕（154.5／82.7 毫米汞柱）；動脈硬化率太極組為 39.5%；對照組為 46.4%。

太極拳運動以腰為主宰。全身關節，節節貫通。腰膝運動產生的熱量，可以傳導給它臨近的內臟，而人體內酶對溫度十分敏感，溫度升高可以激發酶的活性，使得這些內臟與器官的代謝加快，功能加強。

太極拳運動還可以提高人體的免疫功能，獲得藥物治療難以得到的效果。國內學者實驗證明，打一套太極拳，可使唾液中分泌免疫球蛋白液增加 16 毫克／100 毫升。

總之，太極拳是一項能使人體機能和諧活躍的運動，鍛鍊的時間越長久效果越好，不但能夠增強體質，起到延年益壽的作用，而且還能陶冶情操，增進修養，使人感到生活的充實，並給人以美的藝術享受。

二、張三豐太極功

（一）樁　功

1.無極樁

八字步立正，頭正頸直，兩肩鬆沉，兩臂下垂，尾閭中正，鬆腰斂臀，兩膝微屈，十腳趾撓地，眼簾下垂，唇齒相合，舌抵上腭，津液下咽，呼吸自然，心靜神寧，全身放鬆，無視無聽，無為無極。時間，根據各人身體狀況而定，以身無不適為度。無極樁是太極功的主要靜功功法。（圖1—1）

【要點】：心靜體鬆。

圖1-1

【功能】：滋養大腦，調節神經，疏通經絡，起壯元氣和築基的作用。

2.混元樁

兩腿開立，約與肩寬，兩膝微屈，兩臂在胸前屈肘合抱，手心向內，手指相對，似抱一氣球。頭如有絲牽頂，背似虛靠長杆，周身如拔絲，體如騰雲駕霧，腳似踩水懸空，呼吸深沉細勻，心靜體鬆。（圖1—2）

【要點】：心靜體鬆，兩手輕輕在胸前如抱氣球。

【功能】：調節神經，壯氣血，增加手臂之掤勁。

（二）功力功

1. 立圓功

⑴ 立圓本功

① 挺胯提手

圖 1-2

兩腿開立，腰胯前挺，兩臂後引，兩手分別沿身體兩側上舉，兩手與肩同寬，屈腕，手指張開向前，手心向下；隨著兩手上提，脊柱向上抻拔，頭向上頂；吸氣，目視前方。（圖 1—

圖 1-3

圖 1-4

3～圖 1－6)

② 收胯落手

上動不停,腰胯向後收引,
兩手向前伸,向下落至身體兩
側。同時全身放鬆,沉肩,呼
氣,目視前方。(圖 1－7～圖
1－9)

【要點】:兩手前後畫立
圓──挺胯提手為前半圓;收胯
落手為後半圓。劃前半圓時頭向
上頂,脊柱向上抻拔,配合吸
氣;劃後半圓時要鬆肩、呼氣。

圖 1－5

圖 1－6

圖 1－7

圖1-8

圖1-9

　　【功能】：通過腰胯收挺的
波浪運動，提高腰腹的柔韌與力
量素質，並有舒肝、養腎、潤腸
的作用。本功法能抻拔脊柱，使
骨縫拉開，使氣易於入骨入髓，
以保持脊柱骨骼與軟組織的活
力。

(2) 立圓雙推掌

　　① 立圓提手

　　兩手畫第一個立圓，動作同
(1)立圓本功。（圖1—10～圖
1—15）

圖1-10

圖1-11

圖1-12

圖1-13

圖1-14

緊接再畫半圓，兩手提至胸前合抱，屈肘，肘尖斜向下，指尖向上，掌心相對，吸氣，目視前方。（圖1－16～圖1－18）

圖1-15

圖1-16

圖1-17

圖1-18

② 雙撞掌

兩手立掌向前推撞，以小指一側為力點，手心相對，指尖向上，同時收腰胯，呼氣，目視前方。（圖1—19）

【要點】：畫第一個圓與第二個半圓的動作，連接要和順自然；推撞時先慢動作，發柔勁，然後發猛勁。

【功能】：同(1)立圓本功，重在發展兩臂向前的推力和整個身體向前的撞擊力。

(3) 立圓採

① 立圓提手

兩手畫一個圓與半立圓至兩手上舉，動作同(1)立圓本功。（圖1—20～圖1—28）

圖1—19

圖1—20

圖 1-21

圖 1-22

圖 1-23

圖 1-24

　張三豐太極拳

圖 1-25

圖 1-26

圖 1-27

圖 1-28

② 下採

身體重心降低，兩腿下蹲，同時兩手握拳下採至襠前，拳心向下，呼氣，目視前方。
（圖1-29）

【要點】：畫立圓時配合腰胯收挺的動作；下採時先作慢的柔勁練習，然後發猛勁練習。

【功能】：同(1)立圓本功，重在發展採勁。

⑷ 立圓劈掌

① 立圓提手

動作同(2)立圓雙推掌中的①立圓提手。（圖1-30～圖1-37）。

圖1-29

圖1-30

圖1-31

圖 1-32

圖 1-33

圖 1-34

圖 1-35

圖 1-36

圖 1-37

② 劈掌

右掌經上舉向前向下劈擊，掌指伸直，掌心向左；同時左掌向前向上迎擊右前臂內側，置於右肩前，掌心向右。呼氣，目視前方。（圖1—38、圖1—39）

【功能】：同(1)立圓本功，重在發展劈勁。

【要點】：劈掌要猛要快，要用鞭打勁。

(5) 立圓戲珠

① 立圓提手

同(2)立圓雙推掌中的①立

圖 1-38

圖 1-39　　　　　　　　　圖 1-40

圓提手。

② 兩掌戳擊

兩掌向前戳擊，掌心向下，無名指和中指分開，並以其指尖為力點，呼氣，目視前方。（圖 1—40）

【要點】：戳擊時先慢動作練習，然後快動作猛力彈出，如同向敵方的兩眼戳擊。

【功能】：同⑴立圓本功，重在練習兩掌指向前戳擊的力量與速度，提高對敵方眼睛的攻擊力。

2.平圓功

⑴ 平圓本功

① 左平圓

兩腿開立，腳尖向前，與肩同寬；兩手抬起平按掌，屈肘，掌心向下，與胸同高。兩手同時向左、向胸前和向

右、向胸前畫一平圓，同時腰胯隨之向左、向後、向右、向前畫一平圓，目視前方。（圖1—41～圖1—44）

圖1-41

圖1-42

圖1-43

圖1-44

② 右平圓

動作同左平圓，唯方向相反。

【要點】：兩臂與腰胯畫平圓要同步進行，動作要協調而自然；身體保持中正；兩腿微屈。

【功能】：提高兩臂與腰腹的旋轉力及橫捌力。

(2) 平圓挒

① 左平圓挒

兩腿開立，兩手向左、向胸前、向右畫3/4個平圓至右前方，兩手向左下方左挒，目視前方。（圖1－45～圖1－48）。

② 右平圓挒

同左平圓挒，唯方向相反。

圖1－45　　　　　　圖1－46

圖1-47　　　　　　　　圖1-48

　【要點】：畫平圓時，兩臂與腰胯的動作要同步進行；挒時，先進行慢動作練習，然後再進行快動作的猛力發勁練習。

　【功能】：同平圓本功，重在發展挒勁。

(3) 平圓採

① 左平圓採

兩腿開立，兩手抬起至胸前，向左畫一平圓至身前，兩手下採，目視前方。（圖1—49～圖1—53）

② 右平圓採

動作同左平圓採，唯先向右畫平圓。

　【要點】：採時先慢動作練習，而後發勁猛採。

　【功能】：同平圓本功，重在發展採勁。

圖 1-49

圖 1-50

圖 1-51

圖 1-52

(4) 平圓捯

① 左平圓左捯

兩腿開立，兩手抬起至胸前，向左畫一平圓至身前，兩手向左橫捯，腰胯隨之左轉，目視後方。（圖1－54～圖1－58）

② 右平圓右捯

動作同左平圓左捯，唯方向相反。

【要點】：捯時手臂與腰胯的扭轉要同步進行，捯的幅度要大，要向左、向右甩頭，眼向後看。

【功能】：同平圓本功，重在發展橫捯勁。

圖1－53

圖1－54

圖1－55

圖 1-56

圖 1-57

圖 1-58

(5) 平圓肘

① 左平圓左肘

兩腿開立，兩手抬起至胸前，向左畫 3/4 平圓至右前方；身體重心降低，兩腿半蹲；左手握拳平屈肘，以肘尖為力點，向左橫肘，右手立掌向左橫推左拳以助力，頭左轉，目視左前方。（圖 1—59～圖 1—62）

② 右平圓右肘

動作同左平圓左肘，唯

圖 1-59

圖 1-60

圖 1-61

圖 1-62

　　張三豐太極拳

方向相反。

【要點】：平圓變橫肘時，動作連接要自然；橫肘時，初練階段先慢動作進行，而後發猛力練習。此動作亦可向左(右)橫滑步進行。

【功能】：同平圓本功，重在發展肘擊的力量與速度，提高肘擊的攻擊力。

⑹ 平圓靠

① 左平圓左靠

兩腿開立，兩手抬起至胸前，向左畫 3/4 平圓至右前方；左腳向左滑進一步，右腳隨之同步向左滑進；重心降低，體稍左轉，兩腿半蹲；左臂內旋屈肘，前臂立起向左撐靠，拳眼對膝，右手附於左前臂內側向左助力推；目視左前方。（圖 1－63～圖 1－66）

圖 1-63

圖 1-64

圖 1-65   圖 1-66

② 右平圓右靠

動作同左平圓左靠，唯方向相反。

【要點】：畫平圓與變靠的動作連接要自然；靠的動
作，第一階段要慢慢地進行，而後再快動作發猛勁。

【功能】：同平圓本功，重在發展靠的功力。

三、張三豐太極拳十八式

(一) 動作名稱

1. 起勢
2. 左右攬雀尾
3. 左右獅子滾球
4. 左右金雞獨立
5. 踐步打捶
6. 轉身右拍腳
7. 左伏虎
8. 轉身肘底捶
9. 退步貓洗臉
10. 捋擠勢
11. 左分腳
12. 轉身擺蓮
13. 彎弓射虎
14. 獅子揉球
15. 搬攔捶
16. 倒攆猴
17. 右左蹬腳
18. 收勢

(二) 動作圖解

1. 起 勢

(1) 兩臂上舉

　　兩腳並立（圖2—1），左腳向左開立，兩腳與肩同寬，腳尖向前，頭正頸直；口齒輕閉，舌抵上腭；鬆肩垂手，含胸拔背，脊直斂臀；提肛吊襠，腳趾撓地，心靜體鬆，意照丹田，呼吸自然（圖2—2）。兩臂分別向側、向上舉起至頭上方，掌心相對；目視前方（圖2—3、圖2—4）。

圖 2-1　　　　　　　　　圖 2-2

圖 2-3　　　　　　　　　圖 2-4

　張三豐太極拳

(2) 屈膝捋髯

兩腿慢慢地屈膝，兩臂以肘尖為力點，屈肘下降，兩手保持掌心相對和指尖向上，兩手似捋髯下降至胸前合抱，目視前方。（圖2—5）

【要點】：兩臂上舉，屈膝捋髯，動作要緩慢而均勻；呼吸要自然。

圖2-5

圖2-6

2·左右攬雀尾

(1) 右攬雀尾

① 抱球收腳

上體稍右轉，緊接稍左轉，右腳收至左腳內側，腳尖點地；右手向右、向下、向左畫弧至左腹前，掌心由向下逐漸轉向上；左手隨轉體微向右、向左平帶，呈左手在上、右手在下的抱球狀，目視左前方。（圖2—6、圖2—7）

三、張三豐太極拳十八式　·47·

圖 2-7

② 弓步右掤

上體右轉，右腳向前上一步，左腿伸蹬，自然伸直，同時右腿屈弓成右弓步；右臂以右前臂外側為力點，向前掤出，掌心向內，高與胸平，左手隨之附於右前臂下方，掌心向外；目視前方。（圖2—8、圖2—9）

【要點】：弓步右掤時，左腿的蹬伸和右腿的屈弓、手臂的掤出要協調一致。

圖 2-8

圖 2-9

③ 兩臂前擠

保持右弓步，上體微前送；右臂以前臂外側為力點，向前擠出，左掌附於右腕內側助擠，高與胸平；目視前方。

【要點】：擠時左腿要繼續蹬地配合，協調用力；動作幅度要小。

④ 弓步抹掌

保持右弓步，右掌內旋，掌心轉向下，微前伸；左掌經右掌背上面向前伸抹，兩掌分開約10公分；目視前方。（圖2—10）

圖2-10

圖2-11

⑤ 後坐右将

重心後轉，右腿蹬直，左腿屈膝，上體稍右轉；左掌稍外旋，掌心轉斜向右，右掌微內旋，掌心轉斜向下；兩手臂屈肘同時向右後方将，左手将至右胸前，右手将至右肩側，兩手高與肩平，肘下垂，肘比手低；視線隨右手而移動。（圖2—11）

【要點】：此為高将勢，與雙人四正推手中的将一樣。

⑥ 弓步按掌

上體左轉，兩手向左收至胸前（圖2—12）；左腿蹬伸，自然伸直，右腿屈弓成右弓步；兩手弧形向前推按至體前，指尖與眉同高，兩腕與肩同寬，掌心向前；目視前方（圖2—13）。

【要點】：前按時，兩手的推按與左腿的蹬伸和右

圖2-12

圖 2-13

腿的屈弓要協調一致。

　⑦ 後坐抱球

　上體稍左轉,重心後移
至左腳,屈左膝,右腿蹬
直,右腳尖蹺起;左手隨轉
體收至左胸前,屈肘,掌心
向下,右手向下、向左畫弧
至左腹前;目視左手。(圖
2—14)

圖 2-14

圖 2-15

⑧弓步右掤

上體右轉，左腿蹬伸，自然伸直，右腳踏實，右腿屈弓成右弓步；右臂向前掤出，臂呈弧形，高與肩平；掌心向內，左掌附於右腕內側；目視右前方。（圖 2—15）

【要點】：掤出時，左腿的蹬伸和右腿的屈弓、手臂的掤出要協調一致。

⑨後坐平圓（之一）

上體後坐，右腳尖上蹺，左腿屈膝；右掌自前向右、向後屈肘，畫半個平圓至右耳側，右掌由平逐漸變立掌，掌心由向內逐漸轉向左，左掌仍附於右腕內側隨之畫平圓；目視右掌。（圖 2—16）

圖 2-16

⑩ 弓步平圓（之一）

重心前移，左腿蹬
伸，自然伸直，右腿屈弓
成右弓步；右手向左、向
前畫半個平圓，掌心轉向
外，左掌仍附於右腕內
側；目視右掌。（圖2—
17）

圖2-17

⑪ 後坐平圓（之二）

重心後移，上體後
坐，左腿屈膝，右腳尖上
蹺；右掌不停，向右、向
後屈肘再畫半個平圓至腰
間，右掌心轉向上，左掌
仍附於右腕內側；目視前
方。（圖2—18）

圖2-18

⑫ 弓步平圓（之二）

重心前移，左腿蹬伸，自然伸直，右腿屈弓成右弓步；右手向左、向前再畫半個平圓至身前，掌心保持向上，目視右掌。（圖2─19）

【要點】：從⑧弓步右掤至⑫弓步平圓，右手畫平圓不停，動作要圓滑而自然。

⑬ 丁步撐天

重心移至右腳，左腳收至右腳內側，腳尖點地成丁字步；右手向右、向後、向上畫半圓至上撐掌，掌心始終保持向上，成掌指向左，大拇指在前，小指在後反腕撐掌，左掌隨之向下落至腹前，置於肚臍以下，掌心向上，掌指向右；目光先隨右手移動，定勢目視左前方。（圖2─20）

【要點】：從動作⑨後坐半圓至動作⑬丁步撐天，兩手畫圓不停，共畫二圓半；身體重心的移動、轉體與臂腿動作

圖2─19

圖2─20

要協調一致。

(2) 左攬雀尾

① 轉體抱球

身體稍左轉，右手向
左、向下經頭上蓋落至左胸
前平屈；手高與肩平，肘稍
低於手，掌心向下，左掌稍
向左平移至左腹前，掌指向
右，掌心向上，呈右手在
上、左手在下的抱球狀；目
視右手。（圖2—21）

圖 2-21

② 弓步左掤（之一）

上體繼續稍向左轉，左
腳向前上一步，腳跟著地，
右腿蹬伸，左腿屈弓，腳踏
實成左弓步；左臂向前掤
出，高與胸平，掌心向內，
右手隨之附於左前臂下方，
掌心向外；目視前方。（圖
2—22）

【要點】：弓步左掤
時，右腿的蹬伸和左腿的屈
弓與左臂的掤出要協調一

圖 2-22

致。

③ 兩臂前擠

保持左弓步，上體微前送；左臂以前臂外側為力點，向前擠出，右掌附於左腕內側助擠，高與胸平；目視前方。（圖2—23）

【要點】：擠時，左腿要繼續蹬伸，配合用力；上體仍保持正直。

圖2-23

④ 弓步抹掌

保持左弓步，左掌內旋，掌心轉向下，微前伸；右掌經左掌背上面向前伸抹，兩掌分開約10公分；目視前方。（圖2—24）

圖2-24

⑤ 後坐左捋

重心後移，左腿蹬直，右腿屈膝，上體稍左轉；左掌稍內旋，掌心轉為斜向下，右掌稍外旋，掌心轉為斜向左，兩手臂屈肘向左後方捋，右手捋至左胸前，左手捋至左肩側，兩手高與肩平；肘尖斜向下，肘低於手；目視左手。（圖2—25）

【要點】：此勢為高捋勢，與雙人四正推手中的捋法一樣。

⑥ 弓步按掌

上體右轉，兩手向右收至胸前（圖2—26）；右腿蹬伸，自然伸直，左腿屈弓成左弓步；兩手弧形按至體前，兩手指尖高與眉齊，兩腕與肩同寬，掌

圖2—25

圖2—26

三、張三豐太極拳十八式　·57·

圖 2-27　　　　　　圖 2-28

心向前；目視前方（圖2—27）。

【要點】：前按時，右腿的蹬伸和左腿的屈弓與兩手的前按要協調一致。

⑦ 後坐抱球

上體稍右轉，重心移至右腿，左腿蹬伸，腳尖蹺起，右腿屈膝；左手隨轉體向下、向右劃弧至右腹前，掌指向右，掌心向上，右手收至右胸前屈抱，呈右手在上、左手在下的抱球狀；目視右手。（圖2—28）

⑧ 弓步左掤（之二）

上體左轉；右腿蹬
伸，自然伸直，左腳踏
實，左腿屈弓成左弓步；
左臂向前掤出，高與肩
平，掌心向內，右手附於
左腕內側；目視前方。
（圖2—29）

【要點】：掤出時臂
腿動作要協調一致。

圖2-29

⑨ 後坐平圓

重心後移，上體後
坐，左腿蹬伸，腳尖上
蹺，右腿屈膝；左掌自前
向左，向後屈肘畫半個平
圓至左耳側，左掌逐漸變
立掌，掌心由向內逐漸轉
向右，右掌仍附於左腕內
側隨之畫半個平圓；目視
左掌。（圖2—30）

圖2-30

圖 2-31

⑩ 弓步平圓

重心前移，右腿蹬伸，自然伸直，左腿屈弓成左弓步；左手向右、向前畫半個平圓，掌心轉向外，右掌仍附於左腕內側；目視左掌。（圖 2—31）

⑪ 後坐平圓

重心後移，上體後坐，左腿蹬伸，腳尖上蹺，右腿屈膝；左掌向左、向後畫半個平圓至腰間，掌心轉向上，右掌仍附於左腕內側；目視前方。（圖 2—32）

⑫ 弓步平圓

重心前移，右腿蹬伸，自然伸直，左腿屈弓成左弓步；左掌向右、向前再畫半個平圓至身前，掌心保持向

圖 2-32

上，右掌仍附於左腕內側；
目視左掌。（圖2—33）

【要點】：從動作⑨
後坐平圓至⑫弓步平圓，
左手畫平圓不停，共畫兩個
平圓；動作要連貫、圓滑而
自然。

⑬ 丁步撐天

重心移至左腿，右腳收
至左腳內側，腳尖點地成丁
字步；左手向左、向後、向
上畫半圓呈上撐掌，掌心始
終保持向上，掌指向右；大
拇指在前，小指在後，反腕
撐托，右掌向下落至腹前，
置於肚臍以下，掌心向上，
掌指向左；目光隨左掌而移
動，定勢時目視右前方。
（圖2—34）

【要點】：從動作後坐
平圓⑨至動作⑬丁步撐天，
兩手畫圓不停，共畫兩圓
半；身體重心的移動、轉體
與臂腿的動作要協調一致。

圖2-33

圖2-34

圖 2-35

圖 2-36

3. 左右獅子滾球

(1) 左獅子滾球

① 踏腳蓋掌

重心右移，體稍右轉，右腳腳跟右碾踏實，腳尖向前；左手由上向右、向下蓋掌至右胸前，掌心轉向下，掌指斜向左，高與胸平，右手隨之邊內旋邊向右、向上畫弧至左掌右側，掌心轉向下，兩掌相距約 15 公分；目視右前方。（圖 2—35）

② 半蹲左平圓（之一）

左腳內扣，腳尖向前，兩腿半蹲，兩腳平行向前；兩手向前、向左、向胸前、向右畫一平圓，高與胸平，掌心保持向下，前半圓臂較直，後半圓經胸前時屈肘；視線前半圓隨左手而移動，後半圓隨右手而移動。（圖 2—36～圖 2—38）

【要點】：兩手畫平圓時，腰胯亦隨之向前、向

圖 2-37　　　　　　　　圖 2-38

左、向後、向右畫一平圓,腰
胯與手臂的畫圓動作要協調一
致。

③ 左側行左平圓

（之一）

重心移向左腿,右腳向左
側跨半步,同時兩手向前、向
左畫半圓,高與胸平,掌心向
下,目光隨左手而移動（圖
2—39、圖 2—40）；重心移至
右腿,左腳向左側跨半步,同
時兩手向左、向胸前、向右畫

圖 2-39

圖2-40　　　　　　　　　圖2-41

半圓至右前方，目光隨右手而移動（圖2—41）。

　【要點】：兩手畫前半圓與後半圓中間不停，連接要
圓滑而自然；在兩手畫平圓的同時，腰胯亦同步向前、向
左、向後、向右畫平圓；臂腿與腰胯動作要協調而自然；
身體重心要平穩。

④ 半蹲左平圓（之二）

　動作同半蹲左平圓（之
一）。（圖 2—42～圖 2—
44）

圖 2-42

圖 2-43

圖 2-44

圖 2-45

⑤左側行左平圓

（之二）

　動作同左側行左平圓

（之一）。（圖 2—45～圖

2—47）

圖 2-46

圖 2-47

⑥ 半蹲左平圓
（之三）

　動作同半蹲左平圓
（之一）。（圖 2—
48～圖 2—50）

圖 2-48

圖 2-49

圖 2-50

圖 2-51

⑦ 左側行左平圓

（之三）

　動作同左側行左平圓

（之一）。（圖 2—51～圖

2—53）

圖 2-52

圖 2-53

⑧ 左轉平圓

重心移至左腳,以左腳跟為軸,身體向左轉180°,右腳隨轉體跟進一步至右側方,兩腿半蹲;兩手自右前方隨轉體向左畫半圓至左前方;目視左手。(圖2—54～圖2—56)

【要點】:轉體與臂腿動作要協調一致;兩腿保持半蹲。

圖2-54

圖2-55

圖2-56

圖 2-57

(2) 右獅子滾球

① 半蹲右平圓（之一）

兩手向前、向右、向胸前、向左畫一平圓；腰胯隨手臂同步畫圓；前半圓目視右手，後半圓目視左手。（圖 2—57～圖 2—59）

【要點】：兩手臂畫平圓時，腰胯要同步畫平圓；兩腿保持半蹲。

圖 2-58

圖 2-59

② 右側行右平圓

（之一）

重心移向右腿，左腳
向右側跨半步，同時兩手
向前、向右畫半圓至右前
方，高與胸平，掌心向
下，目光隨右手而移動
（圖2—60、圖2—61）；
重心移向左腿，右腳向右
側跨半步，同時兩手向
左、向胸前、向左畫半圓
至左前方，目視左手（圖
2—62）。

圖2-60

圖2-61

圖2-62

【要點】：兩手畫前半
圓與後半圓中間不停，連接
要圓滑而自然；兩手畫平圓
時腰胯亦同步同向畫平圓；
臂腿與腰胯動作要協調而自
然。

③半蹲右平圓（之二）

動作同半蹲右平圓（之
一）。（圖 2—63～圖 2—
65）

圖 2-63

圖 2-64

圖 2-65

④ 右側行右平圓

（之二）

動作同右側行右平圓

（之一）。（圖 2—66～圖

2—68）

圖 2-66

圖 2-67

圖 2-68

⑤ 半蹲右平圓
（之三）
動作同半蹲右平圓
（之一）。（圖 2—69～
圖 2—71）

圖 2-69

圖 2-70

圖 2-71

⑥右側行右平圓

（之三）

動作同右側行右平圓

（之一）。（圖2—72～圖

2—74）

圖2-72

圖2-73

圖2-74

4·左右金雞獨立

(1) 右金雞獨立

重心移至右腿，右腿支撐身體，向右轉 90°，同時，左腿屈膝提起；左手落至左大腿側，手心翻轉向上，與提左膝同步向上托起至身前，高與肩平，手臂自然伸直，掌心向上；右手弧形向下按於右胯旁，掌心向下，掌指向前，目視前方。（圖 2─75、圖 2─76）

圖 2-75

圖 2-76

(2) 左金雞獨立

左腳落於右腳裡側，隨之右腿屈膝提起；同時左掌下落按於左胯旁，掌心向下，掌指向前；右掌邊外旋邊向前托起至身前，高與肩平，掌心向上；目視前方。（圖2—77、圖2—78）

【要點】：支撐腿微屈；上體保持中正。

圖2-77

圖2-78

5.踐步打捶

右腳向前落地，腳跟著地，重心前移，右腳蹬地向前躍起，左腳、右腳依次向前落地，左腳在前屈蹲，右腿在後屈膝跪步，右腳跟抬起；右手向下、向右後、向右上經耳側向前下方栽擊，掌心斜向下，左掌向前、向下、向左摟按於左胯旁；目視右拳。（圖2—79～圖2—81）

【要點】：蹬地躍起時要配合身體右轉與左轉；屈膝跪步要與下栽同時進行；上體可微前傾，但不可低頭彎腰。

圖2-79　　　　　　　　圖2-80

6·轉身右拍腳

(1) 轉身反臂捶

兩腿蹬伸，身體立起，重心移向右腿，左腳尖上曉內扣；身體右轉180°，重心移向左腿；右臂屈肘，右拳上提至下頦前隨轉體向後、向前反臂捶，高與鼻齊，拳心向內；左拳提至腰側、拳心向上；目視前方。（圖2—82、圖2—83）

圖2-81

圖2-82

圖2-83

圖 2-84

(2) 掄臂拍腳

左腳向前上一步，右腿向前彈踢；右拳變掌，右臂向下、向後、向上掄臂上舉，右手向前拍擊右腳，左臂配合向前、向下、向左上擺臂至左側舉；目視前方。（圖2-84～圖2-86）

【要點】：轉身與反臂捶、上步與掄臂要協調一致；拍腳時，腳面繃平。

圖 2-85

圖 2-86

7·左伏虎

左腳蹬地躍起，右腳向左跨步落地，左腿向右腿後屈膝提起成拐腿，向左邁出，腳跟著地；兩手向右前伸擺，掌心斜相對，右掌置於右前方，掌心向下，左掌置於胸前，掌心向上；目視右前方（圖2—87、圖2—88）。重心移向左腿，腳踏實，左腿屈弓，右腿自然伸直，身體左轉；兩掌向左捋，左掌變拳置於左額前，掌心斜向外，右掌變拳置於左肋旁，拳心向內；目光隨左手而移動，定勢時目視右前方（圖2—89）。

【要點】：跳步時右腳積極下壓，左腿向右腿後積極擺起，動作要輕靈而瀟灑。

圖2-87

圖2-88

8·轉身肘底捶

(1) 轉體抹掌

左腳內扣，重心移至右腿并屈膝，緊接重心移至左腿，並屈膝，身體右轉；左拳變掌稍外旋，掌心斜向上、向右前方斜砍掌至右肋旁；同時右拳變掌經左前臂上面向前、向右穿抹至右前方，掌心向下；目視右掌。（圖 2－90、圖 2－91）

圖 2－89

圖 2－90

圖 2－91

(2) 扣步擺掌

重心移至右腿，以右腳跟為軸向右後轉體，同時左腳向右腿內側繞行扣一大步；右手隨轉體向右平擺至右肩前，而後下落至右腰側，掌心轉向上，左手隨轉體向左、向前畫弧擺至體前，掌心斜向上；目視前方。（圖2—92）

圖2-92

(3) 虛步握拳

左腳踏實，重心在左腿，左腿支撐，右腳向前邁步，腳跟著地，成右虛步；右掌經左手腕上面向前穿出，左掌握拳沿右前臂下沿收至右肘內側下方；目視前方。（圖2—93）

【要點】：轉體與臂腿動作要同步協調一致；動作要連貫、圓滑而自然。

圖2-93

9·退步貓洗臉

(1) 左轉右洗（之一）

身體左轉，右手經面前像貓洗臉一樣向左擺掌至左耳前方，掌心向左，右手擺掌時要屈肘立前臂向左掩裹，肘尖至心窩前；同時左手配合擺至左胸前，掌指斜向右，掌心斜向下；目視右掌。（圖2—94）

圖2-94

(2) 右轉左洗（之一）

身體右轉，左手隨轉體經面前像貓洗臉一樣向右擺掌至右耳前方，掌心向右，左手擺掌時要屈肘立前臂向右掩，肘尖至心窩前；同時右手向下、向右擺至右胸前，掌指斜向左，掌心斜向下；目視左掌。（圖2—95）

圖2-95

(3) 右洗退步（之一）

身體左轉，右腿向後退一步；右手經面前像貓洗臉一樣向左擺掌至左耳前方，掌心向左，右手擺掌時要屈肘立前臂向左掩，肘尖至心窩前；同時左手配合擺至左胸前，掌指斜向右，掌心斜向下；目視右掌。（圖2—96）

圖2-96

圖2-97

(4) 右轉左洗（之二）

動作同(2)右轉左洗（之一）。（圖2—97）

(5) 左轉右洗（之二）

動作同(1)左轉右洗（之一）。（圖2—98）

(6) 左洗退步（之一）

身體右轉，左腳向後退一步；左手隨轉體經面前像貓洗臉一樣向右擺掌至右耳前方，掌心向右，左手擺掌時要屈肘立前臂向右掩，肘尖至心窩前；同時右手向下、向右擺至右胸前；掌指斜向左，掌心斜向下；目視左掌。（圖2—99）

圖 2-98

圖 2-99

(7) 左轉右洗（之三）

動作同(1)左轉右洗（之
一）。（圖2—100）

圖2-100

(8) 右轉左洗（之三）

動作同(2)右轉左洗（之
一）。（圖2—101）

圖2-101

圖 2-102

(9) 右洗退步（之二）

動作同(3)右洗退步（之

一）。（圖 2—102）

圖 2-103

(10) 右轉左洗（之四）

動作同(2)右轉左洗（之

一）。（圖 2—103）

【要點】：轉體與擺臂要

協調一致。

圖 2-104

10 · 捋擠勢

(1) 轉身捋擠

① 撤步伸臂

左腳向左後方撤一步；右手向右前方伸出，掌心斜向外，高與眉齊；左手外旋，掌心轉斜向上，置於右肘內側，兩掌斜相對；目視右掌。（圖2—104）

圖 2-105

② 轉身捋

以左腳跟為軸向後轉身180°，右腳收至左腳內側，腳尖點地；兩手向左下捋，左掌捋至左胯外側，右掌捋至腹前；目視右前方。（圖2—105）

③ 右弓步擠

　　右腳向右前方邁出一步，左腳蹬伸，右腿屈弓成右弓步；兩手臂向右前擠出，兩臂撐圓，右掌心向內，掌指向左，左掌附於右腕內側，掌心向外，指尖斜向上；目視右腕。（圖2—106、圖2—107）

圖2-106

圖2-107

(2) 畫弧平抹

　　重心後移，左腿屈膝，右腿蹬伸，腳尖蹺起微內扣，
體左轉向左前方，隨之屈右膝；左掌自右前臂上方穿出，
向左前方畫弧平抹，右掌微向後畫弧，收至左肘內側下
方；目視左掌。（圖2—108、圖2—109）

圖2-108　　　　　　　圖2-109

圖 2-110

(3) 左捋擠

① 左捋

重心移至右腿,左腳收至右腳內側;兩手向右下捋,右掌捋至右胯外側,左掌捋至腹前;目視左前方。(圖2—110)

圖 2-111

② 左弓步擠

左腳向左前方邁出一步,右腿蹬伸,自然伸直,左腿屈弓成左弓步;兩手臂向左前方擠出,兩臂撐圓,左掌心向內,掌指向右,右掌附於左腕內側,掌心向外,指尖斜向上;目視左腕。（圖2—111、圖2—112）

圖2-112

(4) 畫弧平抹

重心後移，右腿屈膝，左腿蹬伸，腳尖蹺起微內扣，緊接右腿蹬伸，左膝彎屈，身體右轉向右前方；同時右掌向左前臂上方穿出，向右前方畫弧平抹，左掌微向後畫弧，收至右肘內側下方；目視右掌。（圖2—113、圖2—114）

圖2-113

圖2-114

圖 2—115

圖 2—116

(5) 右捋擠

① 右捋

重心移至左腿，右腳收至左腳內側；兩手向左下捋，左掌捋至左胯外側，右掌捋至腹前；目視右前方。（圖 2—115）

② 右弓步擠

右腳向右前方邁出一步，左腿蹬伸，右腿屈弓成右弓步；兩手臂向右前擠出，兩臂撐圓，右掌心向內，掌指向左，左掌附於右腕內側，掌心向外，指尖斜向上；目視右腕。（圖 2—116、圖 2—117）

【要點】：擠時是向右前方或左前方；下捋與收腳、前擠與弓腿要協調一致；整個捋擠姿勢是先向右前方，後向左前方，再向右前方，三組動作要連貫圓滑。

圖 2-117

11·左分腳

(1) 弓步分手

重心移至右腿，保持右弓步；兩手分別向兩側畫弧分開至兩側，掌心均斜向外，兩肘稍屈，兩臂保持弧形。（圖2—118）

(2) 抱手收腳

左腳收至右腳內側，腳尖點地；兩手向下、向上畫弧合抱於胸前，左手在外，兩掌心均向內；目視左前方。（圖2—119）

圖 2-118

圖 2-119

圖 2-120

(3) 提膝翻手

右腿支撐，左腿屈膝上提，左腳尖自然下垂；兩手翻轉分開，虎口相對；目視左手。（圖 2—120）

圖 2-121

(4) 分腳撐手

左腳向左上方彈出，腳面展平；兩掌側分撐舉；目視左掌。（圖 2—121）

12·轉身擺蓮

(1) 轉體落腳

身體右轉，左腳下落
扣步；右掌心翻轉向下屈
肘右帶，左手向右平帶，
掌心向上；目視左前方。
（圖2—122）

圖2-122

(2) 轉體穿掌

以兩腳前腳掌為軸，
向右後轉體；左掌平擺至
體前，掌心向上，右掌心
翻轉向上經左肘下穿出；
目視右掌。（圖2—123）

圖2-123

圖 2-124

(3) 轉體翻掌

身體繼續右轉，重心移向左腿，右腳跟離地並用右腳尖點地成右虛步；兩掌穿擺出後隨轉體右擺，右掌擺至身體右側，高與眉齊，掌心轉向外，左掌擺至右肩下，指尖斜向上，掌心斜向右；目視右掌。（圖2—124）

圖 2-125

(4) 擺腿拍腳

身體稍左轉，右腳向左上、向右外擺；兩手在面前依次擊拍右腳面；目視兩掌。（圖2—125）

【要點】：擺腿與拍腳方向相反，要協調一致。

13.彎弓射虎

(1) 獨立擺掌

右腿提膝，上體稍左
轉；兩掌繼續左擺，左掌
擺至體左側，高與眉平，
掌心向下，右掌擺至左肩
下，掌心向上；目視左
掌。（圖2—126）

圖2-126

(2) 落步落掌

右腳向右落步，身體
右轉；兩掌下落至體前，
掌心均向下；目視前方。
（圖2—127）

圖2-127

(3) 弓步打拳

上體先右轉再左轉，左腿蹬伸，右腿屈弓成右弓步；
左拳經面前向左前方打出，拳心斜向外，右拳向右、向上
舉於右額前；目視左拳。（圖2—128、圖2—129）

圖2-128

圖2-129

14·獅子揉球

(1) 半蹲左獅子揉球

（之一）

① 左轉右抄抱

身體左轉，右腳左扣轉正，兩腿屈膝半蹲，兩腳平行向前；右手向右、向下、向左抄抱至左胯前，掌心向上，掌指向左；左手隨轉體收至左前方，肘平屈，高與肩齊，掌心向下，掌指向右，呈左手在上、右手在下的抱球狀；目視左手。（圖2—130～圖2—132）

圖2-130

圖2-131

圖2-132

② 右轉左抄抱

身體右轉，左手邊外旋邊向下、向右抄抱至右膝前，掌心向上，掌指向右；右手邊內旋邊向上、向右提收平移至右前方，肘平屈，高與肩平，掌心向下，掌指向左，呈右手在上、左手在下的抱球狀；目視右前方。（圖2—133～圖2—135）

圖2-133

圖2-134

圖2-135

(2) 左側行左獅子揉球（之一）

重心移向左腿，右腳向左側跨半步，身體左轉；同時右手向下、向左抄抱至左胯前，掌心向上，掌指向左；左手隨轉體邊內旋邊向上、向左提收至左前方，肘平屈，高與肩平，掌心向下，掌指向右，呈左手在上、右手在下的抱球狀；目視左手。此即為揉前半個球（圖2—136～圖2—138）。重心移向右腳，左腳向左側跨半步，身體右轉；左手邊外旋邊向下、向右抄抱至右胯前，掌心向上，掌指向右，右手邊內旋邊向上、向右提收平移至右前方，肘平屈，高與肩平，掌心向下，掌指向左，呈右手在上、左手在下的抱球狀；目視右手。此即為揉後半球（圖2—139～圖2—141）。

圖2-136

圖2-137

【要點】：獅子揉球時，兩手的抄抱與轉體、扭腰、轉胯動作要協調一致，圓滑自然。

圖2-138

圖2-139

圖2-140

圖2-141

(3) 半蹲左獅子揉球（之二）

身體保持半蹲，兩腳平行向前；身體左轉；右手向下、向左抄抱至左胯前，掌心向上，掌指向左，左手隨轉體邊內旋邊向上、向左提收至左前方，肘平屈，高與肩平，掌心向下，掌指向右，呈左手在上、右手在下的抱球狀；目視左手。此即為揉前半球（圖2—142～圖2—144）。

身體右轉，左手邊外旋邊向下，向右抄抱至右胯前，掌心向上，掌指向右，右手邊內旋邊向上、向右提收平移至右前方，肘平屈，高與肩平，掌心向下，掌指向左，呈右手在上、左手在下的抱球狀；目視右手。此即為揉後半球（圖2—145～圖2—147）。

圖2-142　　　　　　圖2-143

圖 2-144

圖 2-145

圖 2-146

圖 2-147

(4) 左側行左獅子揉球（之二）

動作同(2)左側行左獅子揉球（之一）。（圖 2—148～

圖 2—153）

圖 2-148

圖 2-149

圖 2-150

圖 2-151

三、張三豐太極拳十八式　•107•

圖 2－152

圖 2－153

(5) 半蹲左獅子揉球（之三）

動作同(3)半蹲左獅子揉球（之二）。（圖 2—154～圖

圖 2－154

圖 2－155

2—159）

圖 2-156

圖 2-157

圖 2-158

圖 2-159

三、張三豐太極拳十八式　・109・

(6) 左側行左獅子揉球（之三）

動作同(2)左側行左獅子揉球（之一）。（圖2-160～

圖2-160

圖2-161

圖2-162

圖2-163

圖 2-164

圖 2-165

圖 2-165）

(7) 轉身獅子揉球

　　以左腳跟為軸，身體向左、
向後轉 180°，右腳隨轉體上步於
身體右側，身體半蹲，兩腳平行
向前；右手隨轉體向下、向左抄
抱至轉體後的左胯前，左手隨轉
體邊內旋邊向上、向左提收至左
前方，肘平屈，高與肩平，掌心
向下，呈左手在上、右手在下的
抱球狀；目視左手。（圖 2-
166～圖 2-168）

圖 2-166

圖 2－167 　　　　　　　圖 2－168

【要點】：身體向後轉 180°；轉身與揉球動作要協調一致。

(8)半蹲右獅子揉球（之一）

身體保持半蹲，兩腳平行向前；身體右轉；左手向下、向右抄抱至右胯前，掌心向上，掌指向右，右手隨轉體邊內旋邊向上、向右提收至右前方，肘平屈，高與肩平，掌心向下，掌指向左，呈右手在上、左手在下的抱球狀；目視右手（圖 2－169～圖 2－171）。身體左轉；右手向下、向左抄抱至左胯前，掌心向上，掌指向左，左手隨轉體邊內旋邊向上、向左提收至左前方，肘平屈，高與肩平，掌心向下，掌指向右，呈左手在上、右手在下的抱球狀；目視左手（圖 2－172～圖 2－174）。

【要點】：兩手的翻滾抄抱與身體的左右轉動要協調一致。

圖 2-169

圖 2-170

圖 2-171

圖 2-172

圖2-173　　　　　　　圖2-174

(9) 右側行右獅子揉球（之一）

　　重心移至右腿，左腳向右側跨半步，腳尖向前，體右轉；左手邊外旋邊向下、向右抄抱至右胯前，掌心向上，掌指向右，右手隨轉體邊內旋邊向上、向右提收至右前方，肘平屈，高與肩平，掌心向下，掌指向左，呈右手在上、左手在下的抱球狀；目視右手（圖2—175～圖2—177）。身體左轉；左腳向右側跨半步；右手邊外旋邊向下、向左抄抱至左胯前，掌心向上，掌指向左，左手邊內旋邊向上、向左提收至左前方，肘平屈，高與肩平，掌心向下，掌指向右；目視左掌（圖2—178～圖2—180）。

　　【要點】：兩手的翻滾、抄抱與身體左右轉動要協調自然。

圖 2-175

圖 2-176

圖 2-177

圖 2-178

圖 2-179

圖 2-180

(10) 半蹲右獅子揉球（之二）

動作同(8)半蹲右獅子揉球（之一）。（圖 2－181～圖

圖 2-181

圖 2-182

2—186）

圖 2-183

圖 2-184

圖 2-185

圖 2-186

三、張三豐太極拳十八式　·117·

(11) 右側行右獅子揉球（之二）

動作同(9)右側行右獅子揉球（之一）。（圖2—187～

圖2-187　　　　　　圖2-188

圖2-189　　　　　　圖2-190

圖 2—192）

圖 2-191

圖 2-192

(12) 半蹲右獅子揉球（之三）

圖 2-193

圖 2-194

動作同(8)半蹲右獅子揉球（之一）。（圖2—193～圖
2—198）

圖2-195　　　　　　　　圖2-196

圖2-197　　　　　　　　圖2-198

(13) 右側行右獅子揉球（之三）

動作同(9)右側行右獅子揉球（之一）。（圖2—199～

圖2-199

圖2-200

圖2-201

圖2-202

圖 2-203

圖 2-204

圖 2—204）

(14) 半蹲獅子揉半球

身體右轉；左手邊外旋
邊向下、向右抄抱至右胯
前，掌心向上，掌指向右，
右手邊內旋邊向上、向右提
收至右前方，肘平屈，高與
肩平，掌心向下，掌指向
左，呈右手在上、左手在下
的抱球狀；目視右手。（圖
2—205～圖2—207）

圖 2-205

圖2-206　　　　　　　圖2-207

15.搬攔捶

(1) 收腳落拳

重心移向左腿，右腳收
至左腳內側，身體左轉；左
掌隨轉體邊內旋邊向上、向
左提收至左肩前，肘平屈，
高與肩平，掌心向下，掌指
斜向前，右手變拳隨體轉向
左下落至左腹前，拳心向
下；目視前方。（圖2－
208）

圖2-208

(2) 上步搬拳

身體稍右轉，右腳外撇向
前上步，腳跟著地；右拳經左
腋下和左臂內側翻轉向前搬
出，拳心向上，與鼻同高；左
掌隨之弧形向下按於左胯旁；
目視右拳。（圖2—209）

(3) 上步攔掌

左腳向前上步，右拳內旋
收至腰側，左掌向左前畫弧擺
至體前攔擋，半立掌，掌指斜
向前，高與眉齊；目視前方。
（圖2—210、圖2—211）

圖2-209

圖2-210

圖2-211

(4) 弓步打拳

重心前移，右腿蹬
伸，左腿屈弓成左弓
步；右拳向前打出，左
掌回收附於右前臂內
側；目視前方。（圖
2—212）

【要點】：搬拳時
要以右肘關節為軸反臂
撇打。

16·倒攆猴(倒捲肱)

(1) 右倒攆猴（之一）

① 轉體分掌

身體重心移向右
腿，右膝稍屈；左掌前
伸，兩掌外翻，掌心向
上（圖 2—213）；身體
右轉，右手隨轉體向右
平分至右側舉，高與肩
平，左手微向左分至左
肩前方，高與肩平；目
光隨右掌移動（圖 2—
214）。

圖 2-212

圖 2-213

圖 2-214 圖 2-215

② 提腳掩耳

　右腿支撐，左腳提起離地，身體左轉；兩臂同時屈肘捲肱至耳側掩耳（右臂由右側舉向右耳屈肘捲肱，右手至右耳側；左臂由左肩的前方向左耳屈肘捲肱，左手至左耳側），兩掌均為立掌，掌心向耳；目視前方。（圖 2－215）

③ 退步推掌

左腳向後退一步，腳前掌輕輕落地，腳踏實，右腳轉正；兩掌內旋翻轉，掌心向前，掌指相對，兩肘抬平，與肩同高，兩掌向前推至體前，高與肩平；目視前方。（圖2—216）

【要點】：臂腿動作與轉體要協調自然。

圖2-216

(2) 左倒攆猴（之一）

① 轉體分掌

身體左轉，重心移向左腿，兩掌外旋，掌心轉向上，左手隨轉體向左平分，呈左側舉，高與肩平，掌心向上，右掌微向右前分至右肩前方，高與肩平；目光隨左掌移動。（圖2—217、圖2—218）

圖2-217

圖2-218

② 提腳掩耳

左腿支撐，右腳提起稍離地，身體右轉轉正；兩臂同時屈肘捲肱，兩手至耳側掩耳，均立掌，掌心向耳。（圖2—219）

③ 退步推掌

右腳向後退一步，腳前掌著地踏實，左腳轉正；兩掌向內旋翻轉，掌心向前，掌指相對，兩肘抬平，與肩同高，兩掌向前推至體前，高與肩平；目視前方。（圖2—220）

圖2-219

圖2-220

(3) 右倒攆猴（之二）

① 轉體分掌

　　身體右轉，重心移向左腿；兩掌外旋，掌心轉向上，右手隨轉體向右平分，呈右側舉，高與肩平，左手微向左分至左肩前方，高與肩平；目光隨右掌移動。（圖2—221、圖2—222）

圖2-221　　　　　　　　圖2-222

圖2-223

② 提腳掩耳

右腿支撐，左腳提起離地，身體向左轉正；兩臂同時屈肘捲肱至耳側掩耳，均立掌，掌心向耳；目視前方。（圖2—223）

圖2-224

③ 退步推掌

重心後移，左腳向後退一步，腳前掌著地，腳踏實，右腳轉正；兩掌內旋翻轉，掌心向前，掌指相對，拇指向下，兩肘抬平，與肩同高，兩掌向前推至體前，高與肩平；目視前方。（圖2—224）

(4) 左倒攆猴（之二）

動作同(2)左倒攆猴（之

一）。（圖2—225～圖2—228）

圖2-225

圖2-226

圖2-227

圖2-228

(5) 右倒攆猴（之三）

動作同(3)右倒攆猴（之二）。（圖2—229～圖2—232）

圖 2-229

圖 2-230

圖 2-231

圖 2-232

17·右左蹬腳

(1) 轉身右蹬腳

① 轉身分掌

掌心翻向上，重心移向左腿，以左腳跟為軸，身體向後、向左轉270°至起勢方向，右腳隨轉體向右側跟進一步至左腳外側，用腳尖點地；左掌隨轉體向左平分，呈左側平舉，掌心向上，右掌隨轉體側伸至右側，成兩臂側平舉，掌心均向上；目視前方。（圖2—233、圖2—234）

圖2-233　　　　　圖2-234

② 童子拜觀音（之一）

左腿支撐，右膝提起，腳尖自然下垂；兩手均向內合至胸前成合抱勢，立掌，掌心斜相對；目視前方。（圖2—235）

③ 舉手蹬腳

右膝繼續上提，右腳勾腳尖向前蹬出，左腿支撐；兩手向上舉；目視前方。（圖2—236）

圖2-235

圖2-236

(2) 左蹬腳

① 落手落腳

右腿屈膝，右腳落地；同時兩手心相對經身前合抱下落至體側。（圖2—237、圖2—238）

② 童子拜觀音（之二）

重心移至右腳，右腿支撐，左腿提膝，腳尖自然下垂；兩手向側舉起，經側平舉向內收合至胸前成合抱勢，立掌，掌心斜相對；目視前方。（圖2—239）

圖2-237

圖2-238

圖2-239

③ 舉手蹬腳

左膝繼續上提，左腳勾
腳尖向前蹬出；兩手向上
舉，掌心相對；目視前方。
（圖 2—240）

【要點】：蹬腳時舉手
與蹬腳要協調一致；腳向正
前方蹬出。

18·收 勢

(1) 落腳落手

左腿屈膝，左腳落地，

圖 2-240

兩腳平行，寬與肩同，兩腿自然伸直；兩手心相對經身前
合抱下落至體側。（圖 2—241、圖 2—242）

圖 2-241

圖 2-242

(2) 側展上舉

兩臂向側、向上舉起（經側平舉，兩臂外旋，掌心翻轉向上），掌心相對；目視前方。（圖2—243、圖2—244）

圖2-243

圖2-244

(3) 兩手捋髯

兩手合抱似捋鬍子往下沉降至體側，兩臂自然下垂；

圖 2-245

圖 2-246

目視前方。（圖 2—245、圖
2—246）

(4) 併腳直立

左腳向右腳併攏，身體
自然直立。（圖 2—247）

【要點】：兩手捋髯
時，兩肩放鬆，兩肘主動下
沉，同時呼氣，真氣歸丹
田。

圖 2-247

附錄：王重陽內修真訣（十論）和
運用周身經脈訣

（一）王重陽內修真訣（十論）

1. 論打坐

　　坐久則身勞，既不合理，又反成病。但心不著物，又得不動，此是真定正基。用此為定，心氣調和，久益清爽。以此為念，則邪正可知。若能心起皆滅，永斷覺知，入於忘定。倘任心所起，一無收制，則與凡夫不別。若惟斷善惡，心無指歸，肆意浮游，待自定者，徒自誤耳。若遍行諸事，言心無所染，於言甚善，於行極非，真學之流，特宜戒此。今則息妄而不滅照，寧靜而不著空，行之有常，自得真見，事或有疑，且任思量。令事得濟，所疑復悟。此亦生惠正根。悟己則止，必莫有思。思則以智害性，為子傷本。雖騁一時之俊，終虧萬代之業。一切煩邪亂想，隨覺即除。若聞毀譽善惡等事，皆即撥去，莫將心受。受之則心滿，心滿則道無所居。所有見聞，如不見聞，即是諸事萬物不入於心。心不受外，名曰虛心。心不遂外，名曰安心。心安而虛，道自來居。

2·論虛心

經曰：人能虛心，虛非欲道，道自歸之。內心既無住著，外行亦無所為。非淨非穢，故毀譽無從生。非智非愚，故利害無由撓。實則順中為常，權則與時消息。苟免諸累，是其智也。若非時非事，役思強為者，自為不著，終非真學。何耶？心如眼，纖毫入眼，眼即不安。小事關心，心必動亂。既有動亂，難入定門。修道之要，急在除病，病若不除，終難得定。猶如良田，荊棘不除，嘉禾不茂。愛欲思慮，是心荊棘，若不剪除，定慧不生。此心無所托，難以自安。縱得暫安，還復散亂。隨起隨滅，務令不動，久久調熟，自得安閑。無論晝夜，行住坐臥，及應事接物，當須作意安之。若未得安，即須安養，莫有惱觸。少得安閑，即堪自樂，漸漸馴狎，惟益清遠。且牛馬家畜也，放縱不收，猶自生梗，不受駕御；鷹鸇野鳥，為人把戲，終日在手，自然調熟。心亦如是，若縱任不收，惟益粗疏，何能觀妙。

3·論不染

或曰：夫為大道者，在物而心不染，處動而神不亂。無事而不為，無時而不寂。今獨避動而取安，離動而求定。勞於控制，乃有動靜。一心滯於住守，是成取舍，兩病都未覺。其外執，而謂道之階要，何其謬耶？答曰：總物而稱大，通物之謂道，在物而不染，處事而不亂，真為

大矣，實為妙矣。然吾子之見有所未明，何者？子徒見貝錦之輝煌，未曉如抽之素絲。才聞鶴鳴之沖天，詎識先資於穀食。蔽日之干，起於毫末。神凝至聖，積習而成。今徒知言聖人之德，而不知聖人之所以德也。

4·論簡事

修道之人，莫若簡事。知其閉要，識其輕重，明其去取。非要非重，皆應絕之。猶人食有酒肉，衣有羅綺，身有名位，財有金玉，此皆情欲之餘好，非益生之良藥。眾皆徇之而自致亡敗。何迷之甚也。

5·論眞觀

夫真觀者，智士之先覺，能人之善察也。一食一寐，俱為損益之源；一行一言，堪作禍福之本。巧持其末，不若拙守其本。觀本知末，又非躁競之情。收心簡事，日損有為。體靜心閑，方可觀妙。然修道之身，必資衣食。事有不可廢，物有不可棄者，須當虛襟以受之，明目而當之。勿以為妨，心生煩躁。若因事煩躁，心病已動，何名安心。夫人事衣食，我之船舫也，欲渡於海，必資船舫。因何未度，先廢衣食。虛幻實不足營為，然出離虛幻，未能遽絕。雖有營求，莫生得失之心。有事無事，心常安泰，與物同求不同貪，同得而不同積。不貪故無憂，不積故無失。跡每同人，心常異俗。此言行之宗要，可力為之。

6·論色跡惡

前節雖斷緣簡事，病有難除者，但依法觀之。若色病重者，當知染色都由想耳。想若不生，終無色事。當知色想外空，色心內忘，忘想心空。惟有智者，善觀而達識之，樂天知命，故不憂貧病之苦也。經云：天地不能改其操，陰陽不能回其孽。由此言之，真命也，又何怨焉。譬如勇士逢賊，揮劍當前，群凶奔潰，功勛一立，榮祿終身。今之貧病惱亂我身，則寇賊也。立刻正心，則勇士也。惱累消除，則戰勝也。湛然常樂，則榮祿也。凡有苦事來迫我心，不以此敵之，必生憂累。如人逢賊，不立功勛，棄甲背軍，逃亡獲罪。去樂就苦，何可憫哉。若貧病交侵，當觀此苦由我有身。經曰：及吾無身，吾何有患。

7·論泰定

泰定者出俗之極也，致道之初基，習靜之成功，持安之畢事。形如槁木，心若死灰，無取無舍，寂滅之至。無心於定，而無所不定。故曰：泰定。莊子曰：「宇泰定者，發乎天光。」宇，心也，天光，慧也。心為道之區宇，虛靜至極，則道居而慧生。慧生出本性，非是人有。故曰：天光。但以貪愛濁亂，遂至昏迷。性迷則慧不生。慧既生矣，寶而懷之，勿以多知而傷於定。非生慧難，慧而不用難。自古忘形者眾，忘名者寡。慧而不用，是忘名也，天下希及之，故為難。貴能不驕，富能不奢，為無俗

過，故得常守富貴。定而不動，慧而不用，故得深證真常。莊子曰：知道易，勿言難。知而不言所以天。知而言之所以人。古之人天而不人。又曰：古之治道者，以恬養智。智生而無以智為也，謂之以智養恬。智與恬交相養，而和理出其本性也。恬智則定慧也，和理則道德也。有智不用而安且恬，積而久之，自成道德。自然震雷破山而不驚，白刃交前而不懼，視名利如過隙，知生死如潰瘤。用志不分，乃凝於神。心之虛妙，不可思議。

8·論得道

夫道者神異之事，靈而有性，虛而無象，隨迎不測，影響莫求，不知其然而然。至聖得之於古，妙法傳之於今。道有深力，徐易形神，形隨道通，與神合一，謂之神人。神性虛融，體無變滅，形以道通，故無生死。隱則形同於神，顯則神同於氣。所以踏水火而無害，對日月而無影。存亡在己，出入無間。身為澤質，猶至虛妙，況其靈智益深益遠乎。生神經云：身神併一，則為真身。又西升經云：形神合同，故能長久。然虛無之道，力有淺深，深則兼被於形，淺則惟及於心。被形者神人也。及心者但得慧覺，而身不免謝。何者？慧是心用，用多則心勞。初得小慧，悅而多辯，神氣漏泄，無靈光潤身，遂至早終，道故難備。經云尸解，此之謂也。是故大人舍光藏輝，以斯全備。凝神寶氣，學道無心，神與道合，謂之得道。經云：同於道者，道亦得之。山有玉，草木以之不凋。人懷

道，形骸以之永固。資熏日久，變質同神。煉形入微，與道冥一。智照無邊，形超靡極。總色空而為用，舍造化以成功。真應無方，其惟道德。

9·論坐忘樞翼

夫欲修道成真，先去邪僻之行。外事都絕，無以干心。然後內觀正覺。覺一念起，即須除滅。隨起隨滅，務令安靜。其次，雖非有貪著，浮游亂想，亦盡滅除。晝夜勤行，須臾不替。惟滅動心，不滅照心，但凝空心，不凝住心。不依一法，而心常住。此法玄妙，利益甚深。自非夙有道緣，信心無二者不能。若有心傾至道，信心堅切，先受三戒，依戒修行，敬終如始，乃得真道。其三戒者：一曰簡緣；二曰除欲；三曰靜心。勤行此三戒，而無懈退者，則無心求道，而道自來。經曰：人能常清淨，天地悉皆歸。由此言之，簡要之法，可不信哉！然則凡心躁競，其來固久，依戒息心，其事甚難。或息之而不得，或暫停而旋失，去留交戰，百體流汗。久久行持，乃得調熟。莫以暫收不得，遂廢千生之業。少得靜己，則於行住坐臥之時，涉事喧鬧之所，皆須作意安之。有事無事，常若無心。處靜處喧，其志惟一。如束心太急，則又成疾氣，發狂痴，是其候也。心若不動，又須放任寬急得中，常自調適。制而無著，放而不逸。處喧無惡，涉事無惱，此真定也。不以涉事無惱，故求多事。不以處喧無動，故來就喧。以無事為真宅，以有事為應跡。若水與鏡，遇物見

形。善巧方便，惟能入定。發慧遲速，則不由人。勿於定中急急求慧。求慧則傷性，傷性則無慧。不求慧而慧自生，此真慧也。慧而不用，實智若愚。益資定慧，雙美無極。若定中念想，則多感眾邪百魅，隨心應現。惟今定心之上，豁然無覆；定心之下，曠然無基；舊孽日消，新業不造；無所纏礙，迥脫塵網，行而久之，自然得道。夫得道之人，心身有五時七候。心有五時者：一、動多靜少；二、動靜相半；三、靜多動少；四、無事則靜，遇事仍動；五、心與道合，觸而不動。心至此地，始得安樂。罪垢滅盡，無復煩惱。身有七候者：一、舉動順時，容色和悅；二、宿疾普消，身心清爽；三、填補夭傷，還元復命；四、延數千歲，名曰仙人；五、煉形為氣，名曰真人；六、煉氣成神，名曰神人；七、煉神合道，名曰至人。若久學定心，身無五時七候者，促靈穢質，色謝歸空，自云慧覺，復稱成道，實所未然。

10·論坐忘銘

常默元氣不傷，少思慧燭內光。不怒百神和暢，不惱心地清涼。不求無諂無媚，不執可圓可方。不貪便是富貴，不苟何懼君王。味絕靈泉自降，氣定真息日長。觸則形斃神遊，想則夢離尸僵。氣漏形歸壟上，念漏神趨死鄉。心死方得神活，魄滅然後魂強。博物難窮妙理，應化不離真常。至精潛於恍惚，大象混於渺茫。道化有如物化，鬼神莫測行藏。不飲不食不寐，是謂真人坐忘。

心忘念慮，即超欲界。心忘緣境，即超色界。心不著空，即超無色界。離此三界，神居仙聖之鄉，性在清虛之境矣。

張三豐曰：此王重陽祖師十論也。無極大道，盡寓其中。空青洞天，向多有仙真來遊。遺留丹訣道言以去者，此亦度人覺世之心。重陽祖師之十論，亦本斯旨也。山中人得此訓言，又何必另尋瑤草，別採仙花。即此是長生藥、不老丹也。恭錄之，以示後之好道者。

(二) 運用周身經脈訣

1·早功

日將出即起，面對太陽光。吸氣三口，即將口閉。提起丹田之氣到上，即將口閉之氣，與津液咽下。然後將身往下一蹲，兩手轉托腰眼。左足慢慢伸直，三伸收轉左足。又右足伸直，三伸收轉右足。將頭面朝天一仰，又朝地一俯。伸起腰，慢慢立起。兩手不用，就拿開。立起之時，將右手掌慢慢向上三伸，往下一聳。又左手慢伸起，將掌向上三伸，亦往下一聳。然後一步一步作一周圈，一步步完，將兩足在圈內一跳。靜坐一刻。

2·午功

正午先盤膝坐，兩手按膝，腰直起，閉目運氣，一口

送下丹田，念曰：「本無極之化身，包藏八卦有真因。清通一氣精其神，日月運行不息，陰陽甲乙庚辛。生克妙用，大地回春。掃除六賊三尸，退避清真。開天河之一道，化玉之生新。圓明有象，淨徹無垠。養靈光於在頂，出慧照於三清。不染邪祟之害，不受污穢之侵。水火既濟，妙合地天人。學道守護，五方主令元神。四時八節，宰治之神，養我魄，護我魂，通我氣血，生育流行。天罡地煞，布出元精。二十四氣十二辰，妙應靈感，日月普照來臨。」念七遍。開目，運動津液，徐咽下。將左手按腰，右足伸出。右手按腰，左足伸出。伸出後，將兩足併合，往前一伸，頭身往後一仰，立起。將兩掌擦熱，往面一擦，擦到兩耳。左手按左耳，右手按右耳，兩手中指上下各交彈三下。往頸下一抹到胸，左手擦心，右手在背腰中一打，然後兩手放開。頭身往下一勾，再以右手往前頭一拍，抬起腰身，左手腹中一抹，然後前足換後足，往前跳三步，退三步。口中津液，作三口咽下，朝西吐出一氣，復面東吸進一氣，閉鼓氣一口送下。此導陰補陽也。

3·晚功

面朝北，身立住，左右手，捧定腹。兩足併，提起一氣運津液，待滿口，一氣咽下。兩手左右一伸如一字，掌心朝外豎起，身稍蹲作彎弓之狀。左手放前對定心，右手抬過頭，掌朝上四指捻定，空中指直豎，右掌直下捻大少指，中三平豎。兩手相對，如龍頭虎頸抱合之相。頭於此

時側轉，面向東，往前一起一蹲，走七步，立正，將兩手平放。以右手抱左肩，左手抱右肩，蹲下頭勾伏胸前，兩目靠臂膀中間。呼吸一回，將兩目運動，津液生起，以舌尖抵上腭，上下叩齒各四五下，將津液徐徐咽下。兩手一抄，縱起一步，右手往上一抬，放下，左手往上一抬，放下，輪流三次。左足搭右足，往下一蹲，立起，右足搭左足，往下一蹲，立起。將腰扭轉一次，乃呵氣一口，收轉氣。兩手在膝蓋上各捻三下，左邊走至右邊，右邊走至左邊，共八十步。此要對東北走，東北對西南走，完坐下，略閉神一會，將兩手對伸一下，站起。以清水漱淨口，仰臥到寅，再勿翻動睡之。此通養神功，收魂聚魄也。

4·打坐淺訓

修煉不知玄關，無論其他，只此便如入暗室一般。從何下手，玄關者，氣穴也。氣穴者，神入氣中，如在深穴之中也。神氣相戀則玄關之體已立。古仙云：調息要調真息息，煉神須煉不神神。真息之息，息乎其息者也。不神之神，神乎其神者也。總要無人心，有道心，將此道心返入虛無，昏昏默默，存於規中，乃能養真息之息，得不神之神。

初學必從內呼吸下手，此呼吸，乃是離父母重立胞胎之地。人能從此處立功，便如母呼亦呼，母吸亦吸之時，好像重生之身一般。

大凡打坐，須將神抱住氣，意繫住息，在丹田中宛轉

悠揚，聚而不散。則內藏之氣，與外來之氣，交結於丹田，日充月盛，達乎四肢，流乎百脈，撞開夾脊，雙關而上游於泥丸，旋復降下絳官而下丹田，神氣相守，息息相依，河車之路通矣。功夫到此，築基之效已得一半了。總是要勤虛煉耳。

調息須以後天呼吸，尋真人呼吸之處。古云：後天呼吸起微風，引起真人呼吸功。然調後天呼吸，須任他自調，方能調得起先天呼吸。我惟致虛守靜而已。真息一動，玄關即不遠矣。照此進功築基，可蹺足而至，不必百日也。

《道德經》「致虛極，守靜篤」二句，可渾講，亦可析講。渾言之，只是教人以入定之功耳。析言之，則虛是虛無，極是中極，靜是安靜，篤是專篤。猶言致吾神於虛無之間，而準其中極之地，守其神於安靜之內，必盡其專篤之功。

人心者二，一真一妄。故覓真心者，不生妄念，即是真心。真心之性格最寬大，最光明。真心之所居最安然，最自在。以真心理事，千條一貫。以真心尋道，萬殊一本。然人要用他應事，就要養得他壯大，就要守得他安閑。然後勞而不勞，靜而能應。丹訣云：心走即收回，收回又放下。用後復求安，求安即生悟也。誰云鬧中不可取靜耶。遊方枯坐，固非道也。然不遊行於城市雲山，當以氣遊行於通身關竅內，乃可不打坐於枯木寒堂，須以神打坐於此身妙竅中乃可。

保身以安心養腎為主。心能安則離火不外熒，腎能養則坎水不外溺。火不外熒，則無神搖之病，而心愈安。水不外溺，則無精涸之症，而腎愈澄。腎澄則命火不上衝，心安則神火能下照。神精交結，乃可以卻病，乃可以言修矣。

凡人養神養氣之際，神即為收氣主宰。收得一分氣，便得一分寶，收得十分氣，便得十分寶。氣之貴重，世上凡金凡玉，雖百兩不換一分。道人何必與世人爭利乎？利多生忿悪，忿悪屬火，氣亦火種，忿悪一生，氣隨之走，欲留而不能留。又其甚者，連母帶子，一齊飛散。故養氣以戒忿悪為切。欲戒忿悪，仍以養心養神為切。功名多出於意外，不可存干祿之心。孔子曰：學也，祿在其中矣。修道亦然。不可預貪效驗。每逢打坐，必要心靜神凝，一毫不起忖度希冀之心。只要抱住內呼吸做功夫。

煉心之法，自小及大。如今三伏大炎，一盞飯可也，再求飽不可也。一片涼可也，再求大涼不可也。數點蚊不足畏也，必求無蚊不能也。自微及巨，當前即煉心之境。苦中求甘，死裡求生，此修道之格論也。

學道之士，須要清心清意，乃得真清之藥物也。毋逞氣質之性，毋運思慮之神，毋使呼吸之氣，毋用交感之精。然真精動於何時，真神生於何地，真氣運於何方，真性養於何所？是不可不得明辨，以哲者而細言之也。

凡下手打坐，須要心神兩靜，空空寂寂，鬼神不得而知。其功夫只宜自孝自信，以求自得。所謂誠其意者，毋

自欺也。誠於中自形於外，是以君子必慎其獨也。

　　打坐之中，最要凝神調息，以暇以整，勿助勿忘，未有不逐日長功夫者。凝神調息，只要心平氣和，心平則神凝，氣和則息調。心平，平字最妙，心不起波之謂平，心執其中之謂平，平即在此中也。心在此中，乃不起波，此中即丹經之玄關一竅也。

圖書目錄

地址：台北市北投區(石牌)　　電話：(02)28236031
　　　致遠一路二段 12 巷 1 號　　　　28236033
郵撥：0166955～1　　　　　　傳真：(02)28272069

·武 術 特 輯·電腦編號 10

1.	陳式太極拳入門	馮志強編著	180 元
2.	武式太極拳	郝少如編著	200 元
3.	練功十八法入門	蕭京凌編著	120 元
4.	教門長拳	蕭京凌編著	150 元
5.	跆拳道	蕭京凌編譯	180 元
6.	正傳合氣道	程曉鈴譯	200 元
7.	圖解雙節棍	陳銘遠著	150 元
8.	格鬥空手道	鄭旭旭編著	200 元
9.	實用跆拳道	陳國榮編著	200 元
10.	武術初學指南	李文英、解守德編著	250 元
11.	泰國拳	陳國榮著	180 元
12.	中國式摔跤	黃　斌編著	180 元
13.	太極劍入門	李德印編著	180 元
14.	太極拳運動	運動司編	250 元
15.	太極拳譜	清·王宗岳等著	280 元
16.	散手初學	冷　峰編著	200 元
17.	南拳	朱瑞琪編著	180 元
18.	吳式太極劍	王培生著	200 元
19.	太極拳健身和技擊	王培生著	250 元
20.	秘傳武當八卦掌	狄兆龍著	250 元
21.	太極拳論譚	沈　壽著	250 元
22.	陳式太極拳技擊法	馬　虹著	250 元
23.	三十四式 太極拳劍	闞桂香著	180 元
24.	楊式秘傳 129 式太極長拳	張楚全著	280 元
25.	楊式太極拳架詳解	林炳堯著	280 元
26.	華佗五禽劍	劉時榮著	180 元
27.	太極拳基礎講座:基本功與簡化 24 式	李德印著	250 元
28.	武式太極拳精華	薛乃印著	200 元
29.	陳式太極拳拳理闡微	馬　虹著	350 元
30.	陳式太極拳體用全書	馬　虹著	400 元
31.	張三豐太極拳	陳占奎著	200 元
32.	中國太極推手	張　山主編	300 元
33.	48 式太極拳入門	門惠豐編著	220 元

・原地太極拳系列・電腦編號 11

1. 原地綜合太極拳 24 式　　　　　胡啓賢創編　220 元
2. 原地活步太極拳 42 式　　　　　胡啓賢創編　200 元
3. 原地簡化太極拳 24 式　　　　　胡啓賢創編　200 元
4. 原地太極拳 12 式　　　　　　　胡啓賢創編　200 元

・道 學 文 化・電腦編號 12

1. 道在養生：道教長壽術　　　　　郝　勤等著　250 元
2. 龍虎丹道：道教內丹術　　　　　郝　勤著　　300 元
3. 天上人間：道教神仙譜系　　　　黃德海著　　250 元
4. 步罡踏斗：道教祭禮儀典　　　　張澤洪著　　250 元
5. 道醫窺秘：道教醫學康復術　　　王慶餘等著　250 元
6. 勸善成仙：道教生命倫理　　　　李　剛著　　250 元
7. 洞天福地：道教宮觀勝境　　　　沙銘壽著　　250 元
8. 青詞碧簫：道教文學藝術　　　　楊光文等著　250 元
9. 沈博絕麗：道教格言精粹　　　　朱耕發等著　250 元

・秘傳占卜系列・電腦編號 14

1. 手相術　　　　　　　　　　　　淺野八郎著　180 元
2. 人相術　　　　　　　　　　　　淺野八郎著　180 元
3. 西洋占星術　　　　　　　　　　淺野八郎著　180 元
4. 中國神奇占卜　　　　　　　　　淺野八郎著　150 元
5. 夢判斷　　　　　　　　　　　　淺野八郎著　150 元
6. 前世、來世占卜　　　　　　　　淺野八郎著　150 元
7. 法國式血型學　　　　　　　　　淺野八郎著　150 元
8. 靈感、符咒學　　　　　　　　　淺野八郎著　150 元
9. 紙牌占卜學　　　　　　　　　　淺野八郎著　150 元
10. ESP 超能力占卜　　　　　　　　淺野八郎著　150 元
11. 猶太數的秘術　　　　　　　　　淺野八郎著　150 元
12. 新心理測驗　　　　　　　　　　淺野八郎著　160 元
13. 塔羅牌預言秘法　　　　　　　　淺野八郎著　200 元

・趣味心理講座・電腦編號 15

1. 性格測驗　探索男與女　　　　　淺野八郎著　140 元
2. 性格測驗　透視人心奧秘　　　　淺野八郎著　140 元
3. 性格測驗　發現陌生的自己　　　淺野八郎著　140 元
4. 性格測驗　發現你的真面目　　　淺野八郎著　140 元
5. 性格測驗　讓你們吃驚　　　　　淺野八郎著　140 元
6. 性格測驗　洞穿心理盲點　　　　淺野八郎著　140 元

·婦 幼 天 地· 電腦編號 16

・青春天地・ 電腦編號 17

·健 康 天 地·電腦編號 18

・實用女性學講座・ 電腦編號 19

・校園系列・ 電腦編號 20

·養生保健· 電腦編號 23

國家圖書館出版品預行編目資料

張三豐太極拳／陳占奎編著
——初版，——臺北市，大展，2001〔民90〕
面；21公分，——（武術特輯；31）
ISBN 957-468-050-3（平裝）

1. 太極拳

528.972　　　　　　　　　　89017296

北京金盾出版社授權中文繁體字版

張三豐太極拳　　　ISBN 957-468-050-3

編 著 者／陳　占　奎
發 行 人／蔡　森　明
出 版 者／大展出版社有限公司
社　　址／台北市北投區（石牌）致遠一路 2 段 12 巷 1 號
電　　話／（02）28236031・28236033・28233123
傳　　眞／（02）28272069
郵政劃撥／01669551
E - mail ／ dah-jaan @ms 9.tisnet.net.tw
登 記 證／局版臺業字第 2171 號
承 印 者／國順文具印刷行
裝　　訂／嶸興裝訂有限公司
排 版 者／弘益電腦排版有限公司
初版 1 刷／2001 年（民 90 年）1 月
初版發行／2001 年（民 90 年）4 月

定　價／200 元